BIER
QUIZ

G

2. Auflage 2024

ISBN 978-3-89978-462-6
Covergestaltung: Grupello unter
Verwendung von Bildern von © gopixa;
uaPieceofCake – stock.adobe.com
www.grupello-verlag.de

QUIZ IM QUADRAT

BIER-QUIZ

100 Fragen und Antworten
von Christian Lentz
und Sebastian Stöwer

ÜBER DIE AUTOREN

Christian Lentz und Sebastian Stöwer studierten gemeinsam Germanistik in Düsseldorf, bevor Rhein und Ruhr die beiden in verschiedene Himmelsrichtungen schwimmen ließen. Wann immer sie sich wiedersehen, gehört ein gepflegtes Bier zum Begrüßungsritual fest dazu. Die beiden Quiz-Experten, die sich bestens mit Getränken auskennen, machen, so mysteriös das klingen mag, beruflich etwas mit Studenten und Pommes.

Spielanleitung

Das Quiz kann mit zwei oder mehr Spielern gespielt werden. Reihum liest jeweils ein Mitspieler seinem Nachbarn eine Frage vor. Wenn die Antwort richtig ist, erhält der Spieler das Kärtchen. Wer am Ende die meisten Kärtchen hat, ist der Gewinner. Eine mögliche Variante: Nach jeder richtig beantworteten Frage wird demselben Spieler eine weitere Frage gestellt. Das Spiel kann auch bei einem bestimmten Punktestand beendet werden. Diskussionen und Anekdoten sind ausdrücklich erwünscht und ergeben sich garantiert von selbst.

Viel Spaß beim Spielen!

FRAGE 1

Der 5. Oktober 1842 sollte für Bierliebhaber ein ganz besonderes Datum werden. Im böhmischen Pilsen entstand Revolutionäres, woran auch der junge Münchener Braumeister Josef Groll (1813–1887) seinen Anteil hatte. Was erblickte hier das Licht der Welt?

ANTWORT

Das erste Pils. Durch die Kombination aus untergäriger Hefe, dem weichen Pilsener Quellwasser und dem böhmischen Saazer Hopfen schuf Groll das goldene, untergärige Bier mit der markanten weißen Schaumkrone. Im tschechischen Pilsen wird das Pils übrigens immer noch so gebraut wie im Jahre 1842.

FRAGE 2

Dass Deutschland ein echtes Eldorado für Bierfreunde ist, hat sich weltweit herumgesprochen. Nicht nur auf dem Oktoberfest und Bierbörsen probieren sich Liebhaber literweise durch den kühlen Gerstensaft. Aber wie viele Biersorten gibt es eigentlich in Deutschland?

a) circa 60
b) circa 600
c) circa 6000

c: circa 6000. So viele Sorten werden in mehr als 1500 Braustätten zubereitet. Neben den vielen Pils- und Weißbiersorten sind es vor allem die regionalen Spezialitäten wie Kölsch, Alt oder Export und ihre diversen Varianten sowie die Erzeugnisse der aufstrebenden Craft-Beer-Sparte.

FRAGE 3

Tradition und Legenden gehören zu einem guten Bier genauso dazu wie zünftige Brauhausgeschichten. Im Bayern des 15. und 16. Jahrhunderts soll ein Sud gelungen gewesen sein, wenn …

a) sich eine Brezel vollständig darin auflösen ließ.
b) eine durchtränkte Lederhose an einer Bierbank festklebte.
c) der örtliche Pfarrer seinen Segen gab.

ANTWORT

b: eine durchtränkte Lederhose an einer Bierbank festklebte. Zwei bis drei Männer setzten sich demnach mit ihrer Tracht auf eine mit Bier begossene Bank und blieben mehrere Stunden sitzen. Klebte die Bank anschließend beim Aufstehen an den Hosen fest, hatte der Brauer ausreichend Malz verwendet.

FRAGE 4

Manch einer spricht von flüssigem Glück, wenn er sein Glas Bier an einem schönen Sommertag in die Sonne hält und in Gedanken schwelgt. Dabei darf das Objekt der Begierde nach dem deutschen Reinheitsgebot nur aus vier Grundzutaten bestehen. Welche sind es?

ANTWORT

Wasser, Hopfen, Malz und Hefe. Es kann zwar durchaus sein, dass ein Bier noch weitere Zutaten, sogenannte technische Hilfsstoffe, enthält. Diese müssen aber, wenn sie das Bier in seiner chemischen Zusammensetzung nicht verändern und keinen Einfluss auf Optik, Geschmack oder Geruch haben, nicht von der Brauerei angegeben werden.

FRAGE 5

Die Ägypter wussten ein gutes Exportbier zu schätzen. Zunächst kauften sie den Babyloniern Bier ab, später stellten sie eigenes her und verschickten es in Tonkrügen. Bier wurde zum Grundnahrungsmittel für alle Bevölkerungsschichten. Welchem weiteren »höheren Zweck« diente es den Ägyptern?

ANTWORT

Als Opfergabe für die Götter. Auch als Grabbeigabe und als Mitgift fand Bier Verwendung. Eine feste Anzahl an Bierkrügen stand dem Pharao wie dem Beamten, dem Offizier und dem Sklaven täglich zu – ein Pyramidenarbeiter erhielt fünf Krüge Bier am Tag, ein Sklave zwei.

FRAGE 6

Mal wird auf die Gesundheit angestoßen, mal ein Toast ausgebracht. Solange es gesellig bleibt, ist vieles erlaubt. Welcher der folgenden internationalen Zurufe ist jedoch kein landestypischer Trinkspruch: Jámas (griechisch), Sláinte (irisch), Na Zdrowie (polnisch), Cin Cin, Salute (beide italienisch), Salud (spanisch), Plörö (finnisch), Skål (norwegisch, dänisch), Kanpai (japanisch), Şerefe (türkisch), Gëzuar (albanisch), Santé (französisch)?

Plörö (finnisch). Zwar kann der Begriff durchaus auch Alkohol beschreiben, allerdings in einem ganz anderen Kontext. Als »Plörö« wird in Finnland meist scherzhaft ein besonders »reichhaltiges« Frühstück bezeichnet, zum Beispiel eine Zigarette mit Kaffee oder gar Kaffee mit Schnaps.

FRAGE 7

Die Toten Hosen waren schon immer für ausgefallenes Merchandising zu haben. Dem Riesling »Weißes Rauschen« folgte im Juli 2018 endlich auch das bandeigene Bier. Welche Biersorte ist es?

ANTWORT

Helles. Zwar hätten die meisten Fans wohl ein Altbier von den Düsseldorfern erwartet, doch mit dem »Uerige« gebe es »das beste Altbier« bereits, so die Band in einem Statement. Die befreundete Brauerei Uerige half schließlich dennoch dabei, das »Hosen Hell« zu kreieren – hergestellt wird es jedoch in Bayern.

FRAGE 8

Es gibt kaum ein Land auf der Welt, das mit so vielen verschiedenen Biersorten und Braustilen aufwarten kann wie Belgien. Neben Erzeugnissen bekannter Hersteller wie »Duvel« oder »Grimbergen« erfreut sich auch eine von Mönchen hergestellte Biersorte großer Beliebtheit. Wie heißt sie?

ANTWORT

Trappistenbier. Die Auflagen verlangen, dass es von einem Mönch oder unter seiner Aufsicht in einer Trappistenabtei gebraut werden muss. Die Erlöse aus der Bierproduktion kommen gesellschaftlichen und sozialen Zwecken zugute und dienen dem Erhalt der Abtei sowie dem Lebensunterhalt der Mönche.

FRAGE 9

Die Hallertau in Bayern ist das größte zusammenhängende Hopfenanbaugebiet der Welt. Auf einer Fläche von rund 27 000 Fußballfeldern wächst so viel Hopfen, dass er drei Viertel des deutschen Hopfenbedarfs abdeckt. Welchen Anteil am weltweiten Gesamtbedarf liefert er?

a) ein Viertel
b) ein Drittel
c) die Hälfte

ANTWORT

b: ein Drittel. Kostbar ist der Hopfen vor allem deshalb, weil er nur einmal im Jahr geerntet werden kann. Je mehr Dolden eine Hopfenpflanze ausbildet, desto mehr Bier kann aus ihr gebraut werden und umso wertvoller ist sie.

FRAGE 10

Ob »himmlisch«, »göttlich« oder »höllisch gut« – den Superlativen bei der Beschreibung von Bier sind scheinbar keine Grenzen gesetzt. Selbst vielen biblischen Personen ist längst ein eigenes Bier gewidmet. Welcher Name ziert bisher noch keine Flasche?

a) Judas
b) Satan
c) Zachäus

c: Zachäus. Das »Satan« der belgischen Brauerei De Block-Joostens gibt es gleich in dreifacher Ausführung: Black, Gold und Red – allesamt mit starken acht Volumenprozent. Auch beim »Judas« aus der Brasserie De L'Union handelt es sich um ein starkes, blondes Ale, das mit böhmischem Saazer Hopfen aromatisiert wurde und mit einem würzig-süßen Charakter besticht.

FRAGE 11

Das Segelschiff »Alexander von Humboldt« – kurz: »Alex« – ist bereits seit 1906 auf See. Das frühere Feuerschiff dient heute als Hotel- und Gastronomieschiff. Internationale Bekanntheit erreichte es aber vor allem als Werbeschiff für eine der größten deutschen Biermarken. Welche?

Beck's. Von 1988 bis 2011 diente der Großsegler als Jugend- und Ausbildungsschiff. Die Brauerei Beck & Co. unterstützte eine Stiftung zur Jugendförderung und konnte das Schiff mit den markanten grünen Segeln bald darauf für die eigenen Werbemaßnahmen gewinnen. Nachfolgeschiff im Ausbildungsbetrieb wurde, wie könnte es anders sein, die »Alexander von Humboldt II«.

FRAGE 12

Ein Bier, ein Strich, fünftes Bier ein Querstrich. So weit, so einfach. Wie heißt das Additionssystem, das im Volksmund auch als Bierdeckelnotation bekannt ist?

a) Binärsystem
b) Unärsystem
c) Biernährsystem

b: Unärsystem. In der Gastronomie soll die Strichliste vor allem gut lesbar sein. In den meisten Kneipen und Brauhäusern wird ein Bierdeckel zweckentfremdet, um den Getränkekonsum des jeweiligen Tischs zu notieren, so dass später leichter abgerechnet werden kann. Ein so durch den Gastwirt ausgefüllter Bierdeckel gilt juristisch übrigens als Urkunde und darf vom Gast weder verändert noch weggeworfen werden, bevor er seinen Deckel nicht ordnungsgemäß bezahlt hat.

FRAGE 13

Seine eher ruppige, schlagfertige und auf den ersten Blick unfreundliche Art gehören genauso zu ihm wie der Bierkranz, mit dem er den Gästen »sein« Kölsch zuteilt. Entwickelt hat er sich aus den früheren Brauhausgesellen, deshalb ist er vor allem dem Bier verpflichtet, und wenn ein Glas leer ist, stellt er einfach ein frisches Bier hin. In Düsseldorfer, Kölner und Krefelder Brauhäusern bringt nicht der Kellner das Bier, sondern der …?

ANTWORT

Köbes. Man erkennt ihn an der blauen Schürze, der umgebundenen Lederbörse und seiner schnörkellosen Art. Der Autor Frank Schätzing erklärt es uns in einer seiner Kurzgeschichten so: »An einen Köbes musst du glauben wie an die Vorsehung oder den Erzengel Gabriel. Dann wird alles gut.« Der Name Köbes ist die rheinische Ableitung von Jakob. Doch inzwischen gibt es auch zunehmend weibliche Vertreter dieser Zunft: Sie werden »Köbinen« genannt.

FRAGE 14

Schon im 12. Jahrhundert war die wohltuende Wirkung des Bieres auf den menschlichen Körper bekannt. In ihrem Werk »Causae et curae« (Ursachen und Heilungen) empfahl die wohl berühmteste Äbtissin aus Bingen: »Cervisiam bibat!« – Man trinke Bier! Wie hieß die weise Frau?

*Hildegard von Bingen (1098–1179).
Die Benediktinerin und Universalgelehrte wird in der katholischen Kirche mittlerweile als Heilige verehrt. Angesichts mehrerer natur- und heilkundlicher Schriften, in denen sie auch die beruhigende und Mut hebende Wirkung des Bieres herausstellte, durchaus zu Recht.*

FRAGE 15

»Auch Wasser wird zum edlen Tropfen, mischt man es mit Malz und Hopfen.« Neben klugen Sätzen wie diesem wird Wasser auch gern als Quell des Lebens bezeichnet. Und auch beim Bier ist die Herkunft des Wassers von entscheidender Bedeutung für das Endprodukt. Aber was wird durch die Wahl des Wassers beim Bierbrauen maßgeblich beeinflusst?

ANTWORT

Der Geschmack. Der Mineralstoffgehalt wirkt sich auch auf den Geschmack des Bieres aus. So begünstigt etwa das schwefelreiche Wasser des englischen Flusses Trent den unverkennbaren Geschmack von Ale, während man in Pilsen für das gleichnamige Bier das weiche Wasser des regionalen Flusses zu schätzen weiß.

FRAGE 16

»Da wird doch der Hund in der Pfanne verrückt!« Auf welchen berühmten Landstreicher, Narr und zeitweiligen Gesellen eines Braumeisters geht, nach einer Geschichte in einem alten Volksbuch, diese Redewendung zurück?

ANTWORT

Till Eulenspiegel. Die literarische Figur des Eulenspiegel, deren tatsächliche Existenz leider nie bewiesen werden konnte, erhält vom Bierbrauer den Auftrag, Hopfen in einer Braupfanne zu erhitzen. Zum Unglück des Tieres heißt der Hund des Braumeisters »Hopf«, was zur unrühmlichen Verwechslung führt. Der wild hin und her springende Hund wird in der heißen Pfanne sprichwörtlich verrückt, und der Brauer jagt Eulenspiegel nach dieser Aktion vom Hof.

FRAGE 17

Bei dem einen handelt es sich um eine der meistverkauften Biermarken der Welt, die aus den USA stammt. Das andere ist ein tschechisches und gerade in Europa sehr beliebtes Gebräu. Gemeinsam ist ihnen der Name, auch wenn sich die Aussprachen unterscheiden. Welcher ist es?

Budweiser: Aus Reis und Malz gebraut, hat das sehr milde, leichte amerikanische Bier mit fünf Volumenprozent einen erstaunlich hohen Alkoholgehalt. Interessanterweise ähneln sich auch die Slogans beider Biere. So werben die Amerikaner mit dem »König der Biere«, während das tschechische Gebräu den Untertitel »Bier der Könige« trägt.

FRAGE 18

Bierliebhaber sind sich einig, dass ihr Wahlgetränk eine gute Gesellschaft noch geselliger und ein deftiges Mahl noch schmackhafter macht. Für all jene, die ihr Kölsch vom Fass auch zu Hause genießen wollen, haben die Kölner der Legende nach was erfunden?

a) das Pittermännchen
b) das Kläuschen
c) das Hermännchen

a: das Pittermännchen. Das Zehn-Liter-Fässchen ist, versehen mit Zapfhahn und Ventil, vor allem im Kölner Raum ein wichtiges Utensil für allerlei Festivitäten. Auch in einigen Kneipen und in Brauhäusern kommt so manches Pittermännchen zum Selberzapfen auf den Tisch. Um den Namensursprung ranken sich einige Mythen. Am wahrscheinlichsten ist aber jene, dass die Vorsilbe »Pitter« in vielen rheinischen Regionen so viel wie »klein« bedeutet, was in diesem Fall auf das »kleine Fässchen« anspielt.

FRAGE 19

Von März bis Mitte September dauert der Wachstumsprozess der Hopfenpflanze. Auf die drei bis vier Wochen lange Blütezeit folgt die sogenannte Ausdoldung, bei der sich die Blüte zur Dolde umformt. Anschließend kann diese gepflückt werden. Welche Dolden werden nicht zur Bierproduktion verwendet, die männlichen oder die weiblichen?

ANTWORT

Die männlichen. Da männliche Dolden beim Bier die Schaumbildung verhindern und ihnen die notwendigen Bitterstoffe fehlen, werden sie in den allermeisten Fällen nur zum Zwecke der Kreuzung mit weiblichen Dolden genutzt.

FRAGE 20

Bierbörsen sind Volksfeste, bei denen das Biertrinken als Symbol der Geselligkeit angepriesen wird. Unzählige Sorten aus Europa und der ganzen Welt stehen hier ebenso zur Verköstigung bereit wie leckere herzhafte Speisen. Inzwischen gibt es in vielen deutschen Städten und Kommunen solche Bierbörsen. Wo aber fand die allererste statt?

ANTWORT

In Leverkusen. 1987 ging die erste Bierbörse im Stadtteil Opladen über die Bühne. Noch heute ist die Leverkusener Ausgabe mit bis zu 400 000 Gästen an einem Wochenende die größte Bierbörse Deutschlands. Dazu trägt seit nunmehr 36 Jahren (mit einer kurzen, coronabedingten Auszeit) auch »der Meister« Guildo Horn mit launiger Musik und knackigen Nussecken bei.

FRAGE 21

Mysteriös ist vor allem sein Herstellungsprozess. Dabei gibt es seit Jahren heftige Diskussionen und Rivalitäten zwischen der schottischen Brewmeister-Brauerei, ,t Koelship aus den Niederlanden und der deutschen Schorschbräu-Brauerei. Welchen Superlativ hält, wenn beim Brauprozess alles mit rechten Dingen zugegangen sein sollte, das »Mystery of Beer« aus der niederländischen Brauerei?

ANTWORT

Es soll das stärkste Bier der Welt sein. Mit einem Alkoholgehalt von unglaublichen 70 Prozent löste es das zuvor von Brewmeister vertriebene »Snake Venom« (67,5 Prozent) als stärkstes Bier ab. Geschmacklich soll vor allem die starke Hopfennote bestechen, ansonsten dominiert der etwas brennende Alkoholgeschmack. Das von der Zolltechnischen Lehr- und Prüfanstalt getestete Schorschbock kommt auf seriöse 57 Volumenprozent.

FRAGE 22

Mit einem Marktanteil von knapp 15 Prozent ist sie die größte Brauereigruppe Deutschlands. Unter anderem produziert und vertreibt sie die Marken Clausthaler, Berliner Pilsner, Schöfferhofer und Jever. Wie heißt sie?

Radeberger-Gruppe. An 16 deutschen Standorten werden heute etliche Biersorten und einige alkoholfreie Getränke für Radeberger produziert. Darunter auch viele lokale Biere wie Gilden Kölsch, Schlösser Alt und Berliner Kindl.

FRAGE 23

Fußballschiedsrichter Wolf-Dieter Ahlenfelder (1944–2014) leitete am 8. November 1975 die Partie Bremen gegen Hannover, die in die Bundesligageschichte eingehen sollte. Dies lag vor allem an der Legende um Ahlenfelders Halbzeitpfiff, der bereits nach 32 Spielminuten erfolgte. Welche Herrengedeck-Kombination bekommt man seither, wenn man im Raum Bremen einen »Ahlenfelder« bestellt?

Ein Pils und einen Malteser. Der Legende nach wurde das Schiedsrichtergespann im Vorfeld der Partie zu einem üppigen Mittagessen geladen, wo unter anderem auch ein Malteser zum Pils bestellt wurde, um die Verdauung anzuregen. Vielmehr wirkte sich der Alkohol aber auf das Urteilsvermögen des Hauptschiedsrichters aus. Freilich tat diese launige Geschichte der erfolgreichen Karriere Ahlenfelders keinen Abbruch.

FRAGE 24

Der Name des Altbiers spielt auf dessen »alte«, also obergärige Brauweise an. Welche Altbierbrauerei des vor allem um Düsseldorf und am Niederrhein beliebten Vollbiers ist die älteste weltweit?

a) Uerige
b) Schumacher
c) Schlösser
d) Bolten

ANTWORT

d: Bolten. Das Braurecht erhielt die Brauerei in Korschenbroich aus der Nähe von Mönchengladbach bereits im Jahr 1266. Seitdem wird an der denkmalgeschützten offenen Hofanlage des ehemaligen Kraushofs frisches Altbier vom Land gebraut.

FRAGE 25

Dass etwas so Schönes wie Bier auch durchaus in der Lage ist, den Geist anzuregen, scheint logisch. Von wem stammt folgendes Zitat über den beliebten Gerstensaft: »Bier ist der überzeugendste Beweis dafür, dass Gott den Menschen liebt und ihn glücklich sehen will.«

a) Benjamin Franklin
b) Roger Sherman
c) James Wilson

ANTWORT

a: Benjamin Franklin (1706–1790). Der Politiker, Verleger und trinkfeste Bierliebhaber ist übrigens der einzige Gründervater der USA, der sowohl die Unabhängigkeitserklärung als auch den Friedensvertrag mit Großbritannien unterzeichnet hat.

FRAGE 26

Die ägyptische Hieroglyphe für den Begriff »Mahlzeit« setzt sich aus zwei Symbolen zusammen, die den Wert des Bieres als Grundnahrungsmittel jener Zeit unterstreichen. Welchen?

a) Datteln und Bier
b) Fleisch und Bier
c) Brot und Bier

ANTWORT

c: Brot und Bier. Aus Gerstenmalz, Wasser und Mehl bereiteten die Ägypter eine Art Teig zu, der durch ein Sieb gestrichen und angebacken wurde. Dieser wurde mit Wasser und einer Essenz aus Datteln und Anis übergossen, ausgepresst und die daraus entstandene Flüssigkeit zum Gären aufgefangen. Fertig war ein leicht verderbliches Bier.

FRAGE 27

Die Brauerei Auerbräu ist bekannt für ihr wohlschmeckendes Zwickl Bier. Bereits seit 1889 entstehen in Rosenheim dieses und andere Qualitätsbiere. Dabei ziert jede Flasche der Brauerei ein balzender Auerhahn. Mit welchem Werbespruch wirbt die Brauerei?

a) »Only Auerbräu is a good Bräu«
b) »Our Bräu is Auerbräu«
c) »Best Bräu Auerbräu«

ANTWORT

b: »Our Bräu is Auerbräu«. Der Name der Biersorte Zwickl leitet sich im Übrigen von dem kleinen Hahn, dem »Zwickel«, ab, mit dem der Braumeister früher Kostproben des ungefilterten und noch nicht fertigen Bieres entnommen hat. Das ungefilterte, naturtrübe Bier enthält noch die natürlichen Trüb- und Schwebstoffe, was es besonders vollmundig im Geschmack macht.

FRAGE 28

In welcher deutschen Stadt entstanden die ersten traditionellen Biergärten mit Ausschank aus dem Bierkeller unter Schatten spendenden Bäumen?

ANTWORT

In München. Um das bayerische, überwiegend untergärige Bier über die Sommermonate ausreichend zu kühlen, wurden zahlreiche Bierkeller in den Flussterrassen der Isar angelegt. Kastanienbäume und Kies auf dem Boden schützten die Gewölbe zusätzlich vor der Sonne. Die Brauereien wehrten sich gegen die Abwanderung ihrer Gäste und erwirkten 1812, dass die Bierkellerbetreiber zwar Bier ausschenken, dazu aber nur Brot servieren durften.

FRAGE 29

Mit der runden, knackigen Frucht vom Baum hat das hier Gesuchte erstmal nichts zu tun, auch wenn man es im ersten Moment vermuten könnte. Was besagt seit 2001 Paragraf 6, der sogenannte »Apfelsaft-Paragraf«, im deutschen Gaststättengesetz?

ANTWORT

Es muss mindestens ein alkoholfreies Getränk angeboten werden, das nicht teurer als das günstigste alkoholische Getränk ist. Dieser Preisvergleich gilt nicht nur pro Glas, sondern auch pro Liter.

FRAGE 30

China produziert weltweit das meiste Bier. Beim Pro-Kopf-Konsum sieht die Rangliste allerdings etwas anders aus. Die Deutschen waren zwar seit Jahrzehnten vorne mit dabei, sind zuletzt aber aus der Spitzengruppe gefallen. In welchem Land wird pro Kopf am meisten Bier konsumiert?

ANTWORT

In Tschechien. Während der Bierkonsum in Deutschland seit Jahren rückläufig ist (rund 90 Liter pro Kopf im Jahre 2021), führen die Tschechen weiterhin mit großem Abstand. 2021 trank jeder Tscheche im Schnitt rund 184 Liter Bier. Die Plätze zwei und drei belegen Österreich (rund 99 Liter) und Litauen (rund 96 Liter). Deutschland befindet sich hinter Rumänien (rund 95 Liter), Polen (rund 94 Liter) und Estland (rund 91 Liter) nur noch auf Platz sieben.

FRAGE 31

Die Russen gelten gemeinhin als besonders trinkfest. Aber auch der Alkoholismus ist weit verbreitet. Kein Wunder: Als alkoholisches Getränk gilt Bier in Russland erst seit …

a) 1978.
b) 1995.
c) 2011.

ANTWORT

c: 2011. Der damalige russische Präsident Dmitri Medwedew erklärte am 20. Juli 2011 Bier und andere Getränke, deren Promillewert unter zehn Prozent liegt, zum alkoholischen Getränk. Das Gesetz ist Teil des Kampfes der Regierung gegen übermäßigen Alkoholkonsum. Zuvor galt Bier als herkömmliches Nahrungsmittel.

FRAGE 32

Es klingt ein wenig anrüchig, schmeckt aber ausgezeichnet. Gerade an heißen Sommertagen sorgt es für Erfrischung und löscht den Durst. Welche Sorte Bier bekommt der Durstige, wenn er in Holland ein »Wieckse Witte« bestellt?

ANTWORT

Ein Weizenbier. Mit natürlichen Aromen wie Orange und Koriander angereichert, kommt das Bier mit einem fruchtig-frischen Geschmack daher. Zunächst von der Brauerei De Ridder vertrieben, braut und vertreibt es seit 1988 die Heineken-Brauerei. Für Abstinenzler und Fahrer gibt es das Getränk auch in der alkoholfreien Variante und seit 2013 als Radler.

FRAGE 33

In den Brauereien werden die Flaschen zunächst gereinigt, auf Beschädigungen kontrolliert und anschließend befüllt. Was verhindert hierbei, dass das Bier während des Abfüllens in der Flasche schäumt?

a) Gegendruck
b) die Beigabe einer Chemikalie
c) eine besondere Beschichtung der Flascheninnenseite

ANTWORT

a: Gegendruck. Die Flaschen werden zuvor mit Kohlensäure befüllt. Der dadurch entstehende Gegendruck verhindert die Schaumbildung. Anschließend werden die Flaschen zumeist mit einem Kronkorken versiegelt und etikettiert.

FRAGE 34

Es klingt belustigend, ist aber in gleichem Maße besorgniserregend: Immer mehr Tiere lassen sich von sogenannten Bierfallen anlocken und trinken »einen über den Durst«. Welche stacheligen Wald- und Gartenbewohner verfallen immer häufiger dem Alkohol?

ANTWORT

Igel. Viele umweltbewusste Hobbygärtner stellen Bierfallen statt Chemiekeulen auf, um ihr Gemüse vor Schnecken zu schützen. Unglücklicherweise bedienen sich auch Igel am Bier und vergessen im beschwipsten Zustand, sich schützend einzurollen. Überleben sie den Rausch, laufen sie anschließend orientierungslos umher.

Beim Bierkonsum liefern sich die deutschen Bundesländer Jahr für Jahr ein enges Kopf-an-Kopf-Rennen. Bei der Anzahl der Brauereien sieht das anders aus. Insgesamt gibt es rund 1500 Brauereien (Stand 2022) in Deutschland. Welches Bundesland kann dabei mit Abstand mit den meisten Brauereien aufwarten?

ANTWORT

Bayern. Mit 631 Braustätten (Stand 2021) kann der Freistaat mehr als dreimal so viele Brauereien vorweisen wie das zweitplatzierte Baden-Württemberg (212 Brauereien). Auf Platz drei folgt das eigentlich sehr trinkfreudige Nordrhein-Westfalen mit 143 Brauereien.

FRAGE 36

Der Craft-Beer-Trend ist längst auch in Deutschland angekommen, dabei gibt es hierzulande ohnehin eine enorme Biervielfalt. Eine besonders beliebte und oft gebraute Craft-Beer-Variante ist das sogenannte IPA. Wofür steht die Abkürzung?

ANTWORT

India Pale Ale (auch in der Schreibweise »Indian Pale Ale« zu finden). Das helle Ale, dessen Farbe von Gold bis Kupfer variieren kann, wurde im 19. Jahrhundert in England und Schottland für die Kolonien in Indien gebraut. Dank seines hohen Alkohol- und Hopfengehalts ist es besonders lange haltbar. Es zeichnet sich durch seinen intensiven Geschmack und eine deutlich wahrnehmbare fruchtige Note aus.

FRAGE 37

Rund 2000 Jahre vor Christus wurde eine Gedichtsammlung verfasst, die in Mesopotamien entstand und in sumerischer Keilschrift auf Tontafeln überliefert ist. In ihr spielt Bier bereits eine wichtige Rolle. Wie heißt sie?

a) Melchisedech-Epos
b) Kolosh-Epos
c) Gilgamesch-Epos

c: Gilgamesch-Epos. Der Halbgott Gilgamesch vermittelt darin dem wilden Naturwesen Enkidu die Sitten und Gebräuche der Menschen. Nachdem Enkidu sieben Krüge Bier geleert hat, wird er heiter, wäscht und salbt sich und wird schließlich zum Menschen.

FRAGE 38

Auf Island trat im Jahr 1915 per Referendum die Prohibition in Kraft. Neben einem Verbot von Tabakwaren gab es fortan auch ein generelles Alkoholverbot. Die Isländer mussten sich bis zum Jahr des deutschen Mauerfalls gedulden, bis sie endlich wieder richtiges Bier brauen und legal verkaufen durften. Wie viele Jahre mussten die Isländer demnach sehnsüchtig auf die Lockerung der insulanischen Gesetzeslage warten?

ANTWORT

74 Jahre. Seit 1989 feiern die Isländer ihren Bjórdagurinn, den Tag des Bieres. Neben diesem Fest am 1. März finden weitere feuchtfröhliche Feste wie das Icelandic Beer Festival in Reykjavík statt. Das süffige Egils Gull war übrigens das erste Bier, das nach Aufhebung des Verbots auf Island gebraut wurde. Die beiden wichtigsten und wohl bekanntesten Biersorten des Landes sind Viking und Thule.

FRAGE 39

Weshalb kippten 1842 erboste Pilsener das lokale Gebräu auf die Straße, zerschlugen Bierfässer und machten ihrem Unmut gegenüber den Braumeistern lautstark Luft?

a) Die Qualität des Bieres stimmte nicht mehr.
b) Anstelle von Bier wurde verunreinigtes Wasser verkauft.
c) Die Leute wollten lieber Wein statt Bier.

ANTWORT

a: Die Qualität des Bieres stimmte nicht mehr. Das zu dieser Zeit gängige dunkle, obergärige Bier war nur noch von minderer Qualität und schmeckte den Leuten nicht mehr. Es musste dringend eine Änderung her. Durch eine neue Rezeptur entstand daraufhin das bis dahin gänzlich unbekannte und heute weltberühmte helle Bier nach Pilsener Brauart.

FRAGE 40

Bier besteht zu mehr als 90 Prozent aus Wasser. Die Wahl des Malzes sorgt für die Farbe und die Geschmacksfülle, während der Hopfen das charakteristische Aroma erzeugt und zudem die Haltbarkeit des Bieres erhöht. Aber wofür ist die Hefe verantwortlich?

ANTWORT

Für die Gärung (der Bierwürze). Zudem wandelt sie den Malzzucker in Alkohol und Kohlensäure um. Hier entscheidet sich, ob das Bier ein obergäriges oder untergäriges Bier wird. Obergärige Hefen schwimmen am Ende des Brauprozesses an der Oberfläche, untergärige Hefen setzen sich am Boden des Braugefäßes ab.

Die deutsche Braukunst ist zweifelsfrei zu Weltruhm gelangt. Ein Beispiel dafür ist die Germania-Brauerei, die 1903 von deutschen Siedlern gegründet wurde und auch heute noch für ihr Tsingtao Bier bekannt ist. In welchem Land befindet sich die Brauerei?

ANTWORT

In China. In der Hauptstadt Tsingtao in der Region Kiautschou steht bis heute die Brauerei, die durch Konflikte zwischen Chinesen und Japanern über Jahrzehnte immer wieder mit wechselnden Besitzverhältnissen zu kämpfen hatte. Ihr Bier, nach dem deutschen Reinheitsgebot gebraut, ist aber bis heute eine echte Konstante.

FRAGE 42

Nicht nur Fans des VfL Bochum werden mit regionalem Bier aus der Moritz Fiege Brauerei verköstigt. Im so ehrlichen wie bierseligen Bochum gibt es darüber hinaus aber auch noch weitere, spannende neue Biervarianten einer noch recht jungen, unabhängigen Brauerei zu entdecken. Wie heißt die Brauerei aus Wattenscheid?

a) PiepMatz
b) PiepNitz
c) PiepPiep

ANTWORT

b: PiepNitz. Zurückgehend auf die Namen der beiden Gründer, Pieper und Gränitz, produziert die kleine Brauerei seit 2021 im eigenen Sudhaus vor allem Craft-Biere wie das süffig-malzige Red Ale »Delta«. Neben leckeren Biersorten bietet die Brauerei ihren Kunden auch Brauworkshops und launige Craft-Beer-Rallyes rund um den Essener Baldeneysee an.

Die ehemalige Klosterbrauerei Weihenstephan ist die älteste noch bestehende Brauerei der Welt. Seit über 1000 Jahren wird hier Bier gebraut. Welches für die Produktion und den Verkauf von Bier essenzielle Recht wurde bereits im Jahr 1040 erworben?

ANTWORT

Das Brau- und Schankrecht. Die Brauerei ist vor allem für ihr mehrfach prämiertes Hefeweizenbier bekannt, hat aber auch andere Sorten im Angebot. Ein Highlight ist das »Korbinian«, das dunkle Malzaromen und den Geschmack von Früchten, Toffee und Nüssen zu einem vollmundigen, dunklen Doppelbock verbindet.

FRAGE 44

Malzbier ist bei vielen Konsumgruppen gleichermaßen wegen seines vollmundigen, malzig-süßen Geschmacks beliebt. Mit einer durchschnittlichen Stammwürze von 11,7 Prozent zählt es zu den Vollbieren, auch wenn es vornehmlich alkoholfrei daherkommt. Gehört Malzbier eigentlich zu den obergärigen oder untergärigen Bieren?

ANTWORT

Zu den obergärigen Bieren. Weil die Hefe, anders als beim üblichen Brauverfahren, bei etwa null Grad Celsius zugegeben wird, entsteht kaum Alkohol. Die Süße des Malzbiers stammt übrigens nicht vom Malz, sondern vom beigefügten Zuckersirup.

FRAGE 45

Biergläser sind eine Wissenschaft für sich. So gehört ein echtes Ale in ein Pint und das Kölsch schmeckt am besten aus der Kölsch-Stange. Das meistproduzierte Bierglasmodell Deutschlands ist schlank, fast zylinderförmig, aber auf vier Fünftel der Höhe etwas bauchiger. Wie heißt das Standardglas?

a) Hennesstange
b) Willibecher
c) Karlskrug

ANTWORT

b: Willibecher. Der Legende nach hat ein Mitarbeiter der Ruhrglas GmbH in Essen, Willy Steinmeier, das Glas 1954 entworfen und ihm seinen Vornamen geliehen. Der Willibecher wird in allen gängigen Größen hergestellt und wird keinem bestimmten Bier zugeordnet. Klassischerweise trinkt man aus ihm aber Dunkles, Helles und Bockbiere.

FRAGE 46

Nein, die Skandinavier haben kein generationenübergreifendes Alkoholproblem. Und doch hört man auf den Straßen Dänemarks und Schwedens vor allem in den kalten Wintermonaten von früh bis spät den freundlich gemeinten Ausruf »Prosit«. Wann wird er ausgesprochen?

ANTWORT

Wenn jemand niest. »Prosit« heißt sowohl auf Dänisch als auch auf Schwedisch »Gesundheit«. Angestoßen wird traditionell mit dem Ausruf »skål«.

FRAGE 47

Tod durch Bier: Knapp 1,5 Millionen Liter Gerstensaft flossen am 17. Oktober 1814 durch die Straßen einer europäischen Großstadt. Mindestens acht Menschen starben durch die Flut oder an ihren Verletzungen. In welcher Stadt an der Themse ereignete sich die Bierüberschwemmung?

ANTWORT

London. Ein Gärbottich der Meux and Company Brauerei platzte und riss in einer Kettenreaktion weitere Bottiche mit sich. Die Bierwelle zerstörte zwei Häuser und ließ die Wand eines benachbarten Pubs einstürzen.

Biermischgetränke zu bestellen, kann verwirrend sein. Wer im Norden ein »Radler« bestellt, wird meist fragend angeschaut, denn dort kennt man es als »Alsterwasser«. Verwirrung kann aber auch im Westen vorkommen. Bestellt man rund um Düsseldorf ein »Krefelder«, dann wird was gebracht?

ANTWORT

Altbier mit Cola. Pils mit Cola wird dagegen oft »Drecksau« genannt. Weitere, meist regionale Begriffe für Cola-Bier sind »Diesel«, »Moorwasser« und »Schmutz«. Schon Ende des 19. Jahrhunderts kamen gewiefte Gastwirte auf die Idee, ihr Bier mit Limonade zu mischen, wenn ihr Biervorrat sonst nicht ausgereicht hätte.

FRAGE 49

Von Pelusium an der Mündung des Suez-
kanals aus versandten die Ägypter ihr
Bier in roten Tonkrügen, die verstöpselt,
verschnürt und versiegelt waren.
Welche beiden Bierkategorien sind
aus dieser Zeit überliefert?

a) Mythos und Pathos
b) Zythos und Dizythos
c) Cervos und Decervos

ANTWORT

b: Zythos und Dizythos, also Normal- und Starkbier. Unter diesen Bezeichnungen kannte man verschiedene, oft mit lokalen Gewürzen angereicherte Biervarianten wie Schwarzbier, Weißbier oder rotes Bier, die sich über alle Schichten hinweg großer Beliebtheit erfreuten.

Die Amigos haben eins, die Deftones gleich vier und Motörhead kamen sowieso nie ohne aus. Selbst Die Toten Hosen haben seit Juli 2018 ihr eigenes Bier. Aber welche Band steckt eigentlich hinter dem wohl erfolgreichsten Musiker-Bier »Trooper«?

a) Metallica
b) Iron Maiden
c) AC/DC

ANTWORT

b: Iron Maiden. Die Rezeptur stammt von Frontmann und Bierliebhaber Bruce Dickinson persönlich, für die Umsetzung holte er sich Unterstützung von der englischen Robinsons Brewery. Benannt wurde das Ale nach dem Song »The Trooper« aus dem Jahre 1983.

FRAGE 51

Nicht nur ihre über 250 Jahre währende Geschichte trägt zum Mythos der irischen Marke Guinness bei. Es ist auch ein sagenumwobenes Sechs-Schritte-Ritual, das dem Bier Substanz und Wertigkeit verleiht. Wie lange dauert es nach diesem Ritual, bis das perfekte Guinness gezapft ist?

a) 30 Sekunden
b) 119,5 Sekunden
c) 180 Sekunden

b: 119,5 Sekunden. Der Prozess beginnt schon mit der Wahl des richtigen Glases: Idealerweise wird das Original Guinness Glas im 45-Grad-Winkel unter den Zapfhahn gehalten und zu drei Vierteln gefüllt. Die letzten drei Schritte: setzen lassen, auffüllen, dekorieren. Dekorieren? Ja, denn wer ein dreiblättriges Kleeblatt auf die Schaumkrone legt, erinnert an die Heimat des Bieres.

FRAGE 52

Sowohl Flaschen- als auch Fassbier lagert man am besten an dunklen, trockenen und kühlen Orten, um es vor dem geschmacklichen Verfall zu schützen. Doch selbst dann ist es nicht ewig genießbar. Wie lange ist Bier in der Regel laut Etikett mindestens haltbar?

a) ein halbes Jahr
b) ein Jahr
c) zwei Jahre

ANTWORT

a: ein halbes Jahr. Seit 1981 müssen in Deutschland alle Lebensmittel – also auch Biere – mit einem Mindesthaltbarkeitsdatum versehen werden. Aber auch bei abgelaufenen Bieren lohnt sich ein Probeschluck. Riecht es nicht muffig und schmeckt es nicht schal, kann es bedenkenlos getrunken werden.

Am 23. April 1516 erließen die bayerischen Herzöge Wilhelm IV. und Ludwig X. in Ingolstadt ein Gesetz, das dem Schutz der Bürger vor minderwertigen oder sogar lebensgefährlichen Zusätzen im Bier zugutekam. Heute ist die besondere Brauordnung ein weltweit anerkanntes Alleinstellungsmerkmal für hochwertige Biere. Was ist gemeint?

ANTWORT

Das Reinheitsgebot. Bis heute dürfen nach dem Reinheitsgebot gebraute Biere nur die Zutaten Malz, Hopfen, Hefe und Wasser beinhalten. Was in Deutschland darüber hinaus als Bier bezeichnet werden darf, ist in der Bierverordnung gesetzlich verankert.

FRAGE 54

Das gesuchte Bier soll dermaßen stark gewesen sein, dass der preußische König Friedrich Wilhelm IV., der bloß seinen Durst löschen wollte, einen Humpen in einem Zug leerte und sofort darauf das Bewusstsein verlor. Die amerikanische Hair of the Dog-Brauerei interpretierte das Bier neu. Wie heißt es?

a) Adam
b) Eva
c) Paradies

ANTWORT

a: Adam. Der Name geht auf das ursprünglich »Adambier« genannte Gebräu aus Dortmund zurück. Das »Hair of the Dog Adam« aus der gleichnamigen, 1993 gegründeten Brauerei in Portland, Oregon, ist ein zehnprozentiges, dunkles Old Ale, das mit Kaffee- und Röstaromen und kräftigem Schaum äußerst appetitlich zum Trinken einlädt.

FRAGE 55

Arthur Guinness und sein 1759 gegründetes Unternehmen stehen stellvertretend für irisches Bier. Was ist das Geheimnis des »Guinness Draught«, das, obwohl es aus der Dose kommt, genauso schmeckt wie frisch vom Fass?

a) Schaumdragees
b) Kohlensäuretabletten
c) Stickstoffkugeln

ANTWORT

c: Stickstoffkugeln. Beim Öffnen der Dose wird etwas Stickstoff freigesetzt, was beim Ausschenken zu der charakteristisch cremigen Konsistenz und der mächtigen Schaumkrone führt. Ursprünglich bei unter Druck stehenden Fässern angewendet, wurde die Technik 1989 auf die Bierdose übertragen.

FRAGE 56

Seit 1678 bekommen durstige Kehlen in der Bamberger Altstadt mit dem »Aecht Schlenkerla« köstliches Rauchbier direkt aus dem Eichenfass. Aber worauf geht eigentlich die Bezeichnung Schlenkerla zurück?

a) auf den charakteristischen Gang eines ehemaligen Braumeisters
b) auf das Brauereimaskottchen
c) auf den Stadtteil, in dem die Brauerei steht

ANTWORT

a: auf den charakteristischen Gang eines ehemaligen Braumeisters. Der o-beinige Andreas Graser hatte die Brauerei 1875 übernommen. Das wilde Hin- und Herschwenken seiner Arme beim Laufen brachte ihm, und auch bald seiner Schenke und Brauerei, den Spitznamen »Schlenkerla« ein. Neben dem bekannten Märzen bringt die Brauerei auch Rauchbiere in den Sorten Urbock und Weizen heraus.

FRAGE 57

Bis Mitte des 20. Jahrhunderts war das Wieß im Rheinland das Kultgetränk einer ganzen Stadt, bevor es nachhaltig abgelöst wurde. Es wird obergärig gebraut, ist naturtrüb und unfiltriert. Das Wieß gilt als Vorgänger welcher Biersorte?

Kölsch. Sein trübes Aussehen erhielt das Wieß durch den Weizenanteil. Gegenüber dem klaren, filtrierten Kölsch hatte es jedoch deutliche Nachteile: Es war nur wenige Tage haltbar und wurde schnell schal. Nicht selten wurde das Wieß daher direkt aus den Braubottichen gezapft. Seit wenigen Jahren erlebt das Wieß ein Comeback, etwa durch die kölsche Gaffel-Brauerei.

FRAGE 58

Neben leckeren Biersorten wie Pils, Zwickel und Bernstein ist die 1878 gegründete Moritz Fiege Brauerei aus Bochum auch für ihre jährliche Ehrung besonderen gesellschaftlichen Engagements bekannt. Was erhalten die Preisträger?

a) eine Brauerschürze
b) eine Bierkutschermütze
c) einen hölzernen Rührstab

ANTWORT

b: eine Bierkutschermütze. Erstmals wurde sie 2003 zum 125-jährigen Jubiläum der Privatbrauerei verliehen. Die mit Preisgeld und Bierprobe dotierte Auszeichnung ehrt Personen des Ruhrgebiets, die sich besonders um das Gemeinwohl und den Zusammenhalt in der Region verdient gemacht haben. Prominente Mützenträger sind unter anderem Wolfgang Lammert, Manni Breuckmann und Frank Goosen. Traditionell findet die Verleihung im Rahmen der alljährlichen Zwickelbierprobe statt.

FRAGE 59

Fiese Ohrwürmer zu diversen Urlaubsländern fallen wohl jedem ein. Neben Udo Jürgens' »Griechischer Wein« (1974) wirft – im nüchternen Zustand und mit klarem Kopf – auch Paul Kuhns »Es gibt kein Bier auf Hawaii« (1963) Fragen auf. Die wichtigste: Haben die Hawaiianer dem kühlen Hopfentrunk tatsächlich abgeschworen oder, noch schlimmer, ihn gar nie gekostet?

ANTWORT

Nein. Paul Kuhns Liedtext ist frei erfunden und dient vor allem dazu, nicht mit der besungenen Dame zur Pazifikinsel reisen zu müssen. Auf Hawaii gibt es aber nicht nur importiertes Bier, sondern auch eine große Zahl eigener Brauereien. Mit leckeren IPAs, Lager oder Rotbieren erfreuen die Brauereien nicht nur einheimische, sondern auch Touristen mit leckerem, kühlem Gerstensaft aus eigener Produktion.

Die Komödie »Bierfest« aus dem Jahr 2006 handelt von einer geheimen Veranstaltung, bei der die großen Biernationen der Welt in verschiedenen Disziplinen das trinkfesteste und geschickteste Team ausspielen. Welches reale deutsche Volksfest dient dem fiktiven Bierfest als Vorbild?

ANTWORT

Das Oktoberfest in München. Im Finale schafft es das amerikanische Team um die Hauptfiguren Jan und Todd Wolfhouse, das deutsche Team der von Wolfhausens im Stiefeltrinken zu besiegen und schließlich, mit Hilfe einer geheimen Rezeptur, das köstlichste Bier der Welt zu brauen. Nicht zuletzt Filme wie »Bierfest« nähren den Mythos um das Oktoberfest und die deutsche Trinkkultur.

FRAGE 61

»Ninkasi«, »Tjenemit«, »Habondia« und »Mayahuel«. So unterschiedlich diese Begriffe und die Kulturen, aus denen sie stammen, auch klingen, so bezeichnen sie doch alle dieselbe mythische Figur. Welche?

ANTWORT

Die Göttin des Bieres. Im sumerisch-assyrisch-babylonisch-mesopotanischen Raum war es die Göttin Ninkasi. Die Ägypter dankten Tenemit für ihr Bier. Im angelsächsisch-keltischen Raum huldigte man der Erdgöttin Habondia, und die Azteken tranken auf ihre Fruchtbarkeitsgöttin Mayahuel.

Vor allem Rheinländer südlich von Düsseldorf schätzen ihr süffiges Kölsch. Experten erkennen es zudem als »helles, hochvergorenes, hopfenbetontes, blankes und obergäriges Vollbier«. Diese Charakterisierung findet sich auch in der sogenannten Kölsch-Konvention von 1985 wieder. Was stellt sie sicher?

ANTWORT

Einheitliche Wettbewerbsregeln zur Herstellung von Kölsch. Die 24 Brauereien, die unterschrieben haben, verpflichteten sich zuerst einmal zur Einhaltung des deutschen Reinheitsgebots. Kölsch darf zudem nur genannt werden, was im Stadtgebiet von Köln gebraut oder vor Inkrafttreten der Konvention bereits als Kölsch produziert wurde. Auch der Ausschank in den typischen Kölschstangen ist im Reglement festgehalten.

FRAGE 63

Das stolze Mexiko stand von 1864 bis 1867 unter der doch recht kurzen Regentschaft des österreichischen Kaisers Maximilian. Dessen Amtszeit reichte aber aus, um den Mexikanern ein die Zeit überdauerndes Herstellungsverfahren von Bier zu hinterlassen. Welches?

a) Weizen im Grazer Stil
b) Lager im Wiener Stil
c) Pilsener im Salzburger Stil

ANTWORT

b: Lager im Wiener Stil. Das bernstein-farbene Wiener Original ist in Mexiko eher goldgelb, besitzt aber durch den importierten Saazer Hopfen ebenfalls den unverkennbaren Geschmack und Charakter.

FRAGE 64

Der ehemalige englische Nationalspieler Alan Shearer gilt als einer der berühmtesten Söhne der Stadt. Und auch eines der weltweit bekanntesten englischen Biere stammt hierher. Aus welcher englischen Stadt kommt das berühmte Brown Ale?

a) Birmingham
b) Liverpool
c) Newcastle

ANTWORT

c: Newcastle. Das mahagonibraune, süffige Newcastle Brown Ale trägt voller Stolz die 1928 gewonnene Goldmedaille der International Brewers Exhibition, zusammen mit dem charakteristischen blauen Stern, der 1913 zum Firmenlogo der Brauerei Scottish & Newcastle wurde, auf dem Etikett. Die einst größte britische Brauerei wurde 2008 von den Großkonzernen Heineken und Carlsberg übernommen.

FRAGE 65

Findige Gärtner vertrauen bei der Pflege ihrer Pflanzen nicht selten auf das Hausmittel Bier. Wozu kann man es im Garten einsetzen?

a) Es ist ein ausgezeichneter Dünger.
b) Es schützt vor Schädlingen.
c) Es bringt die Blätter zum Glänzen.

ANTWORT

Alle drei Antworten sind richtig! Bleibt am Abend eine halbe Flasche Bier übrig – das soll tatsächlich schon vorgekommen sein –, freuen sich am nächsten Tag die Pflanzen umso mehr auf den nährstoffreichen Dünger. Egal ob im Gießwasser, auf einem Schwamm oder aus der Sprühflasche: Der gegorene Hopfen wirkt wie ein gehaltvoller Kompost.

FRAGE 66

»Beim Bier kann man Ansichten austauschen, mit Bier kann man sich leichter verständigen, einig werden. Werden wir uns einig, seien wir tolerant, verständnisvoll und miteinander.« So lautete ein Satz im Wahlprogramm der »Partei der Bierfreunde«, die damit 1991 ins Parlament einzog. In welchem Land?

ANTWORT

In Polen. Die Polska Partia Przyjaciół Piwa (kurz: PPPP) wurde von dem Satiriker Janusz Rewiński gegründet und erhielt bei den Parlamentswahlen einen Stimmenanteil von 3,3 Prozent – das reichte für satte 16 Plätze im polnischen Parlament. Bereits 1993 löste sich die Partei aber schon wieder auf. Auch andere europäische und außereuropäische Wähler finden meist satirisch geprägte Bierparteien auf ihren Wahlzetteln.

FRAGE 67

Kleopatra badete in Eselsmilch, Dagobert Duck in Goldtalern. Warum also nicht auch in ein leckeres Blondes eintauchen? In welchen zwei europäischen Hauptstädten kann man es sich in einem exklusiven »Thermal Beer Spa« gut gehen lassen?

ANTWORT

In Prag und Budapest. Ein Bierbad in den nach eigenen Angaben ersten böhmischen Spa Beerland soll zahlreiche Heilwirkungen haben: Neben Hautverjüngung, Stressabbau und Vitaminzufuhr wird auch das Lösen von Muskelverspannungen beworben. Als Verpflegung gibt es natürlich kaltes Pils so viel man trinken kann.

FRAGE 68

Heute ist Oktoberfestbier vornehmlich Helles, früher war es Märzen. Woher hat das sogenannte Märzenbier seinen Namen?

Es wurde ursprünglich nur im März gebraut. Die bayrische Brauordnung von 1539 besagte, dass Bier ausschließlich zwischen Ende September und Ende April gebraut werden durfte. Da in den Sommermonaten und insbesondere beim Oktoberfest ein besonders haltbares Bier benötigt wurde, erhöhte man im März den Stammwürze- und Alkoholgehalt.

FRAGE 69

Ein neues Logo und eine freche Werbekampagne zogen die Hamburger Biermarke Ende der 1990er-Jahre aus einem Absatzloch. Heute ziert die Flaschen ein rotes Herz mit Anker. Welche Biermarke wird gesucht?

ANTWORT

Astra. Bis 1999 waren auf den Flaschen noch recht biedere Löwen abgebildet und die Marke verlor ihren Marktführerstatus im Raum Hamburg. Das neue Logo und die Kampagne »Was dagegen?« lockten ein neues Publikum an und wurden zum Sinnbild der selbstironischen Szene um St. Pauli.

FRAGE 70

Wer in den Urlaub fährt, muss nicht unbedingt mit der jeweiligen Landessprache vertraut sein. Den lokalen Begriff für Bier zu kennen, ist für so manchen Reisenden dennoch Ehrensache. Wie lautet die Übersetzung des Wortes »Bier« ins Englische, Italienische, Französische, Spanische, Polnische, Niederländische und Dänische/ Norwegische? (Mindestens fünf nennen.)

ANTWORT

Beer (englisch), Birra (italienisch), Bière (französisch), Cerveza (spanisch), Piwo (polnisch), Biertje/Bier (niederländisch), Øl (dänisch, norwegisch).

FRAGE 71

In wenigen traditionellen Kölner Brauhäusern findet man sie noch: eine meist halboffene, hölzerne Kabine, von der aus der Wirt den gastronomischen Betrieb überwacht und leitet. Wie heißt das kleine Kabuff, das ein wenig an einen Beichtstuhl erinnert?

ANTWORT

Thekenschaaf. Der Name kommt vom althochdeutschen »scaf«, was so viel wie »Gefäß« bedeutet und im Mittelalter einen verschließbaren Holzschrank bezeichnete. Spätestens seit der Einführung von elektronischen Kassen- und Abrechnungssystemen sind die Thekenschaafe leider abkömmlich.

FRAGE 72

Welcher bekannte deutsche Politiker, der auch kurz Reichskanzler war, promovierte 1901 in Nationalökonomie mit dem Thema »Die Entwicklung des Berliner Flaschenbiergeschäfts«?

a) Otto von Bismarck
b) Gustav Stresemann
c) Bernhard von Bülow

b: Gustav Stresemann (1878–1929).
Der Sohn des Betreibers einer Flaschenbierfüllanlage und einer Kneipe in Berlin führte dazu eine empirische Umfrage zur Situation der »Bierverleger« (Getränkegroßhandlungen) durch. Als Außenminister nahm Stresemann wesentlichen Einfluss auf die Geschicke der Weimarer Republik. Für seine Bemühungen um eine bessere Verständigung mit Frankreich erhielt er 1926 den Friedensnobelpreis.

FRAGE 73

Wer den Bachelor of Science in »Brauwesen und Getränketechnologie« besitzt, dürfte an jedem Kneipenstammtisch der König sein. In welchen beiden deutschen Landeshauptstädten werden Studiengänge im Fach Brauwesen angeboten?

ANTWORT

Berlin und München. Hauptstudienort des Münchener Studiengangs ist allerdings das benachbarte Freising. Das Studium ist extrem naturwissenschaftlich angelegt: Experimentalphysik wird ebenso gelehrt wie anorganische Chemie und Mathematik. Darauf erstmal ein Bier!

FRAGE 74

Im Biersteuergesetz werden die verschiedenen Bierarten in »Untergärige« und »Obergärige« unterteilt. Welche Einteilung findet sich hier außerdem?

a) Hopfigkeit
b) Schaumigkeit
c) Stammwürzegehalt

c: Stammwürzegehalt. Er wird in Grad Plato (°P) gemessen, benannt nach seinem Erfinder Fritz Plato (1858–1938). Ein Grad Plato entspricht einem Gramm Stammwürze pro 100 Gramm Bier. Einfachbier hat einen Stammwürzegehalt von 2,5–5,0 Grad Plato, Schankbier 7–8 Grad Plato, Vollbier 11–14 Grad Plato und Starkbier 16 Grad Plato und mehr.

FRAGE 75

Die Ägypter nannten es »Henquet«,
die Israeliten »Schechar« und bei den
Römern bestellten Biertrinker »Cervesia«.
Von wem leitet sich die römische
Bezeichnung für Bier ab?

a) von Cardea, Göttin der Gesundheit
b) von Carna, Göttin des Herzens
c) von Ceres, Göttin des Ackerbaus

ANTWORT

c: von Ceres, Göttin des Ackerbaus. Die Göttin stand bei den Römern für Fruchtbarkeit und reichhaltige Ernte im Ackerbau. Ihr wurden die Symbole Ährengarbe (Gerste), Mohn (Fruchtbarkeit) und Füllhorn (materielles Glück) zugeordnet.

FRAGE 76

Zu einer Zeit, als das Bierbrauen noch mehr Handwerk als Technologie und Wissenschaft war, konnten bereits kleinste Fehler im Mengenverhältnis der Zutaten zu einem ungenießbaren Produkt und dem Verlust der wertvollen Rohstoffe führen. Welche heute noch gern genutzte Redensart leitet sich aus dieser Zeit ab?

ANTWORT

»Da sind Hopfen und Malz verloren«. Wenn das Mischverhältnis von Hopfen und Malz nicht stimmt, wird das Bier ungenießbar und die wertvollen Rohstoffe sind dahin. Dem Brauer, der das Mischungsverhältnis verpfuscht hat, sind im wahrsten Sinne des Wortes Hopfen und Malz verloren.

FRAGE 77

Gerade in den frühen 2020er-Jahren war Corona in aller Munde. Die weltweite Pandemie, die sich mit dem lecker-süffigen Bier aus Mexiko den Namen teilte, war hierfür verantwortlich. Dem Erfolg des Bieres, das in über 150 Ländern erhältlich ist, tat dies keinen Abbruch. Aber seit wann gibt es das amtliche mexikanische Hauptstadtbier eigentlich?

a) seit 1905
b) seit 1915
c) seit 1925

c: seit 1925. Es stammt aus der in Mexiko-Stadt beheimateten Brauerei Cerveceria Modelo. Die Brauerei geht dabei mit der Zeit. So findet sich unter den aktuell zehn produzierten Bieren neben einem bernsteinfarbenen Lager und einem traditionellen Pilsener auch eine kalorienreduzierte Variante des klassischen »Corona«.

FRAGE 78

Bis ins 19. Jahrhundert war das Brauen mit obergäriger Hefe die gängige Brauart für jede Jahreszeit. Mit untergäriger Hefe war dies nicht möglich. Grund war …

a) die erforderliche Temperatur.
b) der Mangel an Rohstoffen.
c) die Unkalkulierbarkeit des Brauerfolgs.

ANTWORT

a: die erforderliche Temperatur. Notwendig ist eine Temperatur von fünf bis zehn Grad Celsius. Vor der Erfindung der Kältemaschine 1876 konnte man auf diese Brauart nur im Winter oder in konstant kühlen Kellern brauen.

FRAGE 79

Es ist unbestritten eines der geselligsten Rituale unter Bierfreunden. Was hat es nach der wohl verbreitetsten Theorie mit der Tradition des Anstoßens auf sich?

ANTWORT

Das Anstoßen galt als Zeichen des Vertrauens und diente dem Selbstschutz. Wer im Mittelalter die Humpen aneinanderklirren ließ, verschüttete dabei schon mal einen Schluck ins Glas seines Gegenübers und bewies damit, dass er keinen Giftanschlag plante. Eine andere Überlieferung behauptet, das Anstoßen vertreibe böse Geister.

FRAGE 80

Es braucht viele Arbeitsschritte, bis ein Bier vollendet ist. Die Schritte des Schrotens, Maischens, Abläuterns, Kochens und Kühlens finden dabei zentralisiert wo im Braubetrieb statt?

a) in der Hopfenscheune
b) im Sudhaus
c) in der Malzkammer

ANTWORT

b: im Sudhaus. Das Malz wird zerkleinert und dann mit Brauwasser gemischt. Beim sogenannten Läutern werden nicht wasserlösliche Teile des Malzes abgetrennt, wonach die auf diese Weise entstandene Würze gekocht und der Hopfen hinzugefügt wird. Nach dem Entfernen von Hopfenrückständen wird das Bier schließlich gekühlt und in den Gärbottich gegeben.

FRAGE 81

Sie sind mal rund, mal quadratisch, oft mit lustigen Werbesprüchen versehen und meist aus Pappe. Und obwohl sie in der Regel unter dem Bierglas liegen, werden sie Bierdeckel genannt. Warum?

Weil sie Getränke im Freien vor Insekten und herabfallendem Laub schützen. Insbesondere im 19. Jahrhundert waren sogenannte Bierfilze unter einfachen Leuten weit verbreitet. Da sie sich keine Krüge mit Zinn- oder Silberdeckeln leisten konnten, nutzten sie ihre Untersetzer als Glasbedeckung. In manchen Gegenden besagt ein aufgelegter Bierdeckel, dass Nachschenken nicht erwünscht ist.

Bier aufwärmen? Das war für englische Dockarbeiter des 19. Jahrhunderts in kalten Wintermonaten unumgänglich. Um auch bei Frost Bier genießen zu können, präparierten sie es oft mit einem sogenannten Bierstachel. Jüngst wurde dieses Werkzeug von der Biersommelier-Szene wiederentdeckt. Worum handelt es sich?

ANTWORT

Um einen glühenden Eisenstab. Einmal ins Bier getaucht, entfaltet der Bierstachel seine Magie: Nicht nur bringt er eisiges Bier auf Trinktemperatur, er karamellisiert auch den Restzucker des Gebräus und fördert so viele neue Aromen zutage. Das Bier – meist Starkbiere wie Bockbier – bleibt dabei idealerweise angenehm kühl, während der warme Schaum einen spannenden Kontrast bildet.

FRAGE 83

Wer in Bayern »Oa Mass« bestellt, bekommt einen Liter Helles im Glaskrug vorgesetzt. Doch das war nicht immer so. Wie viel Litern entsprach »eine Maß« vor der Einführung des metrischen Systems?

a) 0,567 Liter
b) 0,975 Liter
c) 1,069 Liter

ANTWORT

c: 1,069 Liter. Noch im 19. Jahrhundert war die Maßkanne europaweit als Maßeinheit anerkannt. Damals war der Steinzeugkrug verbreitet, der das Bier länger kühl hielt und durch seine Salzglasur die Kohlensäure länger halten konnte. 1871 wurde die Maß auf einen Liter umgestellt und allmählich der Glaskrug eingeführt.

FRAGE 84

Schon der Name klingt nach Rauschmittel, allerdings hat hierzulande kaum jemand von »Snow« gehört. Zu Unrecht, handelt es sich doch seit einigen Jahren um das meistverkaufte Bier der Welt. In welchem Land wird es gebraut?

In China. »Snow« kam erst 1993 auf den Markt, steigerte aber insbesondere im vergangenen Jahrzehnt rasant seine Beliebtheit. Vor allem der niedrige Preis ist ein starkes Verkaufsargument. Das untergärige Bier hat vier Volumenprozent und schmeckt eher wässrig und stark kohlensäurehaltig.

FRAGE 85

In der sogenannten »Arche des Geschmacks« werden Lebensmittel geführt, die der Verein Slow Food als vom Aussterben bedroht erklärt. Welches Berliner Kultgebräu ist seit 2014 »Passagier« der Arche?

ANTWORT

Berliner Weiße (nach traditioneller Herstellung). Das Lieblingsgebräu der Berliner seit dem 17. Jahrhundert gärt durch einen weiteren Hefezusatz in der Flasche, was ihm seinen moussierenden Charakter und längere Haltbarkeit beschert. Seine Vielfalt ging durch die Monopolisierung der Berliner Brauereien verloren. In letzter Zeit aber knüpfen Kleinbrauereien wieder an alte Rezepte an.

FRAGE 86

Zugeprostet wird fast überall. In Ungarn werden klirrende Gläser hingegen eher ungern gehört. Die Landsleute welcher Nation sollten sich dort wegen ihrer bewegten Geschichte beim Anstoßen besonders zurückhalten?

ANTWORT

Österreich. So mancher Ungar verzeiht den Österreichern bis heute nicht, dass diese 1849 auf die Niederschlagung der Ungarischen Revolution mit Bier anstießen. Bis 1999 war das Anstoßen mit Bier aufgrund eines damals ausgesprochenen Schwurs sogar illegal.

FRAGE 87

Die Toten Hosen sangen einst: »Kein Alkohol ist auch keine Lösung.« Auch die meisten sogenannten alkoholfreien Biere kommen nicht komplett ohne Alkohol aus. Wie viel Restalkohol darf laut Gesetz maximal darin enthalten sein?

ANTWORT

0,5 Volumenprozent. Je nach Herstellungsverfahren liegt der Wert zwischen 0,02 und 0,5 Volumenprozent. Verbraucherschützer fordern daher, dass der Begriff »alkoholfrei« konkretisiert wird. Einige Brauereien werben inzwischen mit »0,0 Volumenprozent«, doch selbst hier sind tatsächlich bis zu 0,03 Volumenprozent erlaubt. Einen Rausch bekommt man damit aber natürlich nicht.

FRAGE 88

Die Brauerei befindet sich in der oberösterreichischen Gemeinde Neukirchen und ist nach dem Ortsteil benannt, in dem die Produktionsstätte liegt. Slogans wie »Ein Glas voller Freude« oder »Ein Glas heller Freude« grüßen von jeder Flasche. Welche Brauerei wird gesucht?

a) Hirter
b) Ottakringer
c) Zipf

ANTWORT

c: Zipf. Das Zipfer Urtyp ist ein helles Lagerbier, das aus Naturhopfen gebraut wird. Daneben vertreibt die Brauerei 13 weitere Bier- und Mixgetränke, darunter die saisonalen Bockbiere Stefani (Weihnachten) und Josefi (Ostern).

FRAGE 89

Die Abtei Scourmont in der belgischen Gemeinde Chimay ist wohl die bekannteste aller Trappistenbrauereien. Das »Chimay Bleue« ist ein klassisches obergäriges Ale, das ein zweites Mal in der Flasche gärt und dadurch bis zu fünf Jahre haltbar ist. Worauf weist denn der Name »Bleue« hin?

ANTWORT

Auf den blauen Kronkorken und das Etikett der Bierflasche. Das »Chimay Dorée« ist ein blondes Tafelbier mit einem goldenen Verschluss. Über einen roten Kronkorken verfügt das kupferfarbene »Chimay Rouge«, der des bernsteinfarbenen Tripel-Biers »Chimay Blanche« ist weiß.

FRAGE 90

Das dänische »Faxe« ist den Deutschen vor allem in der beeindruckenden Ein-Liter-Dose mit dem prägnanten Wikingerkopf ein Begriff. Der Ursprung des Lagerbiers kommt dabei jedoch gänzlich unmartialisch daher. Wo wurde es entwickelt?

a) in einer Küche
b) in einer Garage
c) in einem Keller

a: in einer Küche. Und zwar in der von Nikoline und Conrad Nielsen im Jahr 1901. Das goldgelbe 5,5-prozentige Faxe bekam seinen Namen von der gleichnamigen dänischen Kleinstadt auf der Insel Seeland, aus der die Nielsens stammten. Die vormals Fakse Dampbryggeri genannte Brauerei gehört heute zu Royal Unibrew, der zweitgrößten dänischen Brauereigesellschaft – mit großem Abstand hinter Carlsberg.

FRAGE 91

William Painter (1838–1906) hielt zu Lebzeiten mehr als 80 Patente, darunter die für einen Münzprüfer, einen Schleudersitz und eine Papierfaltmaschine. Welche beiden für den Biertrinker und Flaschenliebhaber unentbehrlichen Utensilien erfand er außerdem?

ANTWORT

Den Kronkorken und den Flaschenöffner. Der gebürtige Ire und Wahlamerikaner meldete am 19. Mai 1891 das Patent auf den Kronkorken an und gründete zwei Jahre später die heutigen Crown Holdings, einen Verpackungshersteller mit derzeit (Stand 2023) mehr als 30 000 Mitarbeitern.

FRAGE 92

Beim Frankfurter Bierkrawall von 1873 kamen 20 Menschen ums Leben. Ein weiterer Beweis dafür, wie tief das damalige Grundnahrungsmittel vor allem in der Arbeiterschaft verwurzelt war. Was war der Auslöser für den Aufstand?

ANTWORT

Die Erhöhung des Bierpreises. Die lokalen Brauereigaststätten hoben den Preis von vier Kreuzern (ein Batzen) auf viereinhalb Kreuzer an. Da es keine halben Kreuzer gab, mussten fünf Kreuzer bezahlt werden und man erhielt einen Gutschein zurück, der allerdings nur bei demselben Wirt einlösbar war. Der Frankfurter Bierkrawall war einer von zahlreichen Bierkriegen in der deutschen Geschichte.

FRAGE 93

Noch nie von »St. Pauli Girl« gehört? Das ist keine Schande. Das Lager wird ausschließlich für den US-Markt hergestellt, ist dort aber ein wahrer Verkaufsschlager. In welcher deutschen Stadt wird es gebraut?

ANTWORT

In Bremen. Schon zu Zeiten des Ersten Weltkriegs war »St. Pauli Girl« das bekannteste deutsche Exportbier. Nur mit der Reeperbahn hat es leider nichts am Hut. Und auch sonst glänzt das Bier nicht gerade mit Regionalkunde: Vom Etikett lächelt eine Frau im Dirndl.

FRAGE 94

Der buddhistische Tempel
Wat Pa Maha Chedi Kaew in Thailand
gilt als führendes Beispiel für nachhaltige
Architektur. Was haben die Biermarken
Heineken und Chang damit zu tun?

ANTWORT

Der Tempel wurde aus etwa 1,5 Millionen leeren Flaschen der beiden Biere gebaut. Seit 1986 schimmert der »Tempel der Millionen Flaschen« grün und braun im Sonnenlicht, vom Boden über die Säulen bis hin zur geschwungenen Dachkonstruktion. Heute ist das gesamte umliegende Tempelgelände mit rund 20 Gebäuden auf und aus Flaschen gebaut.

FRAGE 95

Die Brauerei Marston, Thompson & Evershed braut mit dem »Pedigree Bitter« ein echtes Traditionsbier. Es ist das weltweit einzige Bier, das auch heute noch nach der Burton-Union-Methode gebraut wird. Diese ist ein …

a) besonderes Hopfenverfahren.
b) Holzfassvergärungssystem.
c) Mischverfahren von Bier und Whisky.

ANTWORT

b: Holzfassvergärungssystem. Hierbei sind riesige Eichentanks mit einer Eisenwanne durch Kupferrohre verbunden. Die Stammwürze steigt während der Gärung in die Wanne, wo sie sich wieder setzt und in die darunterliegenden Tanks gefiltert wird.

FRAGE 96

Es klingt nach einem diagnostizierten Krankheitsbild, ist aber kaum mehr als ein Werbegag. Dennoch können Biertrinker die sogenannte Cenosillicaphobie durchaus nachempfinden. Welche Angst beschreibt der Begriff?

ANTWORT

Die Angst vor leeren Gläsern. Ein Glück, dass erfahrene Kneipenwirte ihre Gäste nie lange auf dem Trockenen sitzen lassen. Der Begriff schwirrt seit Anfang des Jahrtausends durch die Bier- und Weinkultur. Zum Arzt gehen müssen Betroffene aber vorerst nicht: Ein wehmütiger Blick aufs langsam schwindende Gebräu ist normal und völlig unbedenklich.

FRAGE 97

In den 1950er- und 1960er-Jahren war Dortmund stolze Bierhauptstadt Europas. Welche Marken verhalfen der Stadt zu diesem inoffiziellen Titel? (Mindestens vier nennen.)

ANTWORT

Bergmann, DAB (Dortmunder Actien-Bier), DUB (Dortmunder Union-Bier), Kronen, Hansa, Ritter, Stifts, Thier. Bereits 1293 erhielt die Stadt das Brauprivileg und verdiente schon zu Hanse-Zeiten viel Geld mit dem Verkauf. Im 19. Jahrhundert stellten die Dortmunder Brauereien mit neuen Kühltechniken auf Industriefertigung um und konnten ihr Bier bereits Anfang des 20. Jahrhunderts weltweit exportieren. Heute sind fast alle Brauereien in der Radeberger-Gruppe zusammengefasst.

FRAGE 98

Man sagt: »Bier auf Wein, das lass sein – Wein auf Bier, das rat' ich dir.« Aber stimmt diese Stammtischweisheit überhaupt?

ANTWORT

Nein. Egal, in welcher Reihenfolge man die Getränke zu sich nimmt, an ihrer Verträglichkeit ändert sich dadurch nichts. In anderen Ländern und Sprachen ist der Spruch gänzlich unbekannt. Auch die Wissenschaft ist sich einig, dass das Durcheinandertrinken verschiedener Alkoholsorten nicht schädlich ist. Der Kater am nächsten Morgen ist oft allein der Menge beziehungsweise der minderen Qualität des Alkohols geschuldet.

FRAGE 99

Zehn Euro, ein halbes Päckchen Tabak
und fünf Dosen Bier für einen Arbeitstag:
In welchem Nachbarland Deutschlands
bezahlte eine vom Staat geförderte soziale
Organisation arbeitende Alkoholkranke
unter anderem mit Bier?

ANTWORT

In den Niederlanden. Die Amsterdamer Organisation Regenboog hilft Obdachlosen, Suchtkranken, Armen und psychisch kranken Menschen. Ihr 2012 gestartetes Pilotprojekt mit der unkonventionellen Entlohnung stieß auf viel Kritik, regulierte jedoch zugleich den Alkoholkonsum der Teilnehmer und sollte sie von hartem Alkohol entwöhnen. Zumindest für den Zeitraum der drei Arbeitstage pro Woche.

FRAGE 100

Warmes Bier mag mitunter bei Erkältungen helfen, doch dem Genuss ist dies ganz sicher nicht zuträglich. Was ist laut Deutschem Brauer-Bund die optimale Trinktemperatur?

ANTWORT

Fünf bis acht Grad Celsius. Der beliebte Hausparty-Trick, eine Badewanne mit Wasser und Eiswürfeln zu füllen, wird diesem Zweck in der Regel durchaus gerecht. Stetig neue, innovative Erfindungen wie der Eisblock Bierkastenkühler sorgen zudem dafür, dass man das Bier seiner Wahl zügig gekühlt bekommt.